Anonymous

Ideen aus Buckle

Geschichte der Civilisation

Anonymous

Ideen aus Buckle
Geschichte der Civilisation

ISBN/EAN: 9783743626416

Hergestellt in Europa, USA, Kanada, Australien, Japan

Cover: Foto ©ninafisch / pixelio.de

Weitere Bücher finden Sie auf **www.hansebooks.com**

Ideen

aus

Buckle

Geschichte der Civilisation.

„Nicht die Wahrheit in deren Besitz irgend
ein Mensch ist oder zu sein vermeint, sondern
die aufrichtige Mühe die er angewandt hat
hinter die Wahrheit zu kommen macht den
Werth des Menschen, denn nicht durch den
Besitz sondern durch die Nachforschung der
Wahrheit erweitern sich seine Kräfte worin
allein seine immer wachsende Vollkommenheit
besteht. Der Besitz macht ruhig, träge, stolz."
Lessing.

Leipzig und Heidelberg.
C. F. Winter'sche Verlagshandlung.
1868.

Buckle

Geschichte der Civilisation.

„Nicht die Wahrheit in deren Besitz irgend
ein Mensch ist oder zu sein vermeint, sondern
die aufrichtige Mühe die er angewandt hat
hinter die Wahrheit zu kommen macht den
Werth des Menschen, denn nicht durch den
Besitz sondern durch die Nachforschung der
Wahrheit erweitern sich seine Kräfte worin
allein seine immer wachsende Vollkommenheit
besteht. Der Besitz macht ruhig, träge, stolz.“
Lessing.

C.

Buckle, „Geschichte der Civilisation."

Obiges · Werk ist in einer Uebersetzung von
Arnold Ruge in zwei Auflagen über Deutschland
verbreitet. Es erregte ein Aufsehen ähnlich dem des
Darwin'schen Buches „über die Entstehung der
Arten". Alle bedeutenden Blätter haben Besprechun-
gen desselben gebracht.

Aber wie verschieden sind die Urtheile über diese
merkwürdige Erscheinung ausgefallen! Während der
Eine meinte, „nach Buckle lässt sich die Geschichte
behandeln wie ein Comptoir-Exempel, das der Clerc
mit zwei Federstrichen in Ordnung bringt; alles muss
glatt und richtig aufgehen ohne Bruch", sagt ein so
feiner Kopf wie Dühring, der durchaus nicht überall mit Buckle übereinstimmt: „Die bei Buckle
dominirende Vorstellung ist die politisch und social
gestaltende Kraft des eigentlichen und strengen
Wissens. Die Errungenschaften des Wissens erhalten in seiner Hierarchie der allgemeinen civilisatori-
schen Ursachen den ersten Platz. Die exacte Wissenschaft ist ihm eine Macht, die im Range ·allen
andern, den Fortschritt producirenden Kräften

1 *

vorangeht. Eine solche Ansicht ist sicher keiner
grob mechanischen Behandlungsweise der Geschichte
fähig." Und während man Ruge mit oberflächlicher
Frivolität vorwarf, er sei mit Uebersetzung dieses
Buches „in das Lager der Materialisten gelaufen",
sagt Frauenstädt in einer ausführlichen Kritik
desselben: „Durch seine Auffassung und Behandlung
der Geschichte hat Buckle den Blick für das wahrhaft Werthvolle, wahrhaft Bedeutende und Entschei-
dende in der Geschichte geschärft; er sucht sie aus
einem blossen Factenkram zum Range einer Wissenschaft zu erheben, indem er als den wesentlichen
Bestandtheil der Geschichte nicht Einzelnes und Zu-
fälliges, das einmal war und nicht wieder, und das
so oder auch anders sein könnte, sondern Allge-
meines und Nothwendiges betrachtet, nämlich den
allgemeinen Geist der Zeiten, der kraft der Einwirkung der Natur auf den Menschen und des Menschen
auf die Natur sich jedesmal nothwendig so gestalten
musste, wie er sich gestaltete."

Hierin, in der eigenthümlichen Methode der Behandlung des Geschichtsstoffes liegt die eigentliche
Bedeutung Buckle's; dass er sich in Einzelheiten
geirrt, kann selbstverständlich die Richtigkeit seiner
Methode nicht beeinträchtigen und es ist nur zu
wundern, wie es Leute giebt, die da meinen, mit
Hervorhebung und Uebertreibung solch' kleiner Irrthümer über die staunenswerthe Leistung Buckle's
zur Tagesordnung übergehen zu können!

Sehr schön und treffend spricht sich Dieser hierüber, an das angeführte Wort Lessing's erinnernd,

selbst aus: „Der grösste Feind des Wissens ist nicht
der Irrthum, sondern die Trägheit. Alles, was wir
brauchen, ist die Erörterung; dann sind wir sicher,
dass Alles in Ordnung kommt, wenn wir auch noch
so viele Versehen machen. Ein Irrthum bekämpft
den andern, jeder zerstört seine Widersacher und
die Wahrheit springt hervor. Dies ist der Verlauf
menschlicher Geistesentwickelung und unter diesem
Gesichtspunkte sind die Urheber neuer Ideen, neuer
Vorschläge und neuer Kategorieen die Wohlthäter
des Menschengeschlechtes. Ob sie Recht oder Un-
recht haben, das ist das Wenigste. Sie wirken zur
Aufstachelung des Geistes, sie bringen neue Kräfte
in Thätigkeit; sie regen uns zu neuer Forschung an;
sie bringen alle Gegenstände unter einen Gesichts-
punkt; sie stören die allgemeine Trägheit und unter-
brechen unsanft, aber mit heilsamer Wirkung die
Liebe zum Schlendrian, der die Leute verführt, auf
den Wegen ihrer Vorfahren fortzutappen, und jeder
Verbesserung im Wege steht, als ein beständiges,
ein fremdartiges und verderbliches Hinderniss."
In diesem Sinne hat B u c k l e gestrebt. Er hat,
wie wir aus der Vorrede von R u g e erfahren, seit
seinem 18. Jahre mit Aufopferung seines Vermögens
und seiner Gesundheit bis kurz vor seinem am
29. Mai 1862 zu Damascus erfolgten Tode an dem
Werke seines Lebens gearbeitet. Es ist staunen-
erregend, welch' ungeheures Material er verarbeitet,
mit welcher Genialität er dasselbe beherrscht, ordnet
und wie klar er die Ergebnisse dem Leser vorführt!
Wie fesselt aber auch das so edel geschriebene

Buch, das, einmal angefangen, kein denkender Mensch aus der Hand legen wird, ohne es ganz in sich aufgenommen zu haben! Dies rückhaltlose reine Streben nach wirklicher wahrhaftiger Wahrheit, wie herrlich wohl thut es Einem, und wie fühlt man sich hingezogen zu diesem kühnen bescheidenen Zweifler, der unser von Vorurtheilen überwuchertes Innere gleichsam frisch aufpflügt und neue befruchtete, vielversprechende Keime hineinlegt!

Buckle legt vor Allem in seiner „Einleitung" seine Methode und seinen Plan dar, um dann zunächst die Geschichte seines Vaterlandes zu schreiben, weil dort, wie er glaubt, die Gesetze der Entwickelung am ungestörtesten hätten wirken können.

Zweck dieses Aufsatzes ist es nun, den Gedankengang Buckle's in Kürze möglichst klar und im Zusammenhang darzulegen, und zwar in Form eines Auszugs und, wo es immer angeht, mit Buckle's eigenen schönen Worten, um dadurch gebildeten Menschen Gelegenheit zu geben, sich selbst ein Urtheil zu bilden, und sie anzuregen, sich näher mit dem Werke selbst bekannt zu machen, eine Aufgabe, die angesichts der Vorurtheile, die noch über dies merkwürdige Buch bestehen, gewiss ihre Berechtigung hat.

Es ist ein eigenthümlich unglücklicher Umstand, — so beginnt Buckle das erste, „Ohne Naturwissenschaften keine Geschichte" überschriebene Capitel seiner Einleitung — dass die Geschichte des Menschengeschlechts wohl in ihren gesonderten Theilen mit bedeutendem Talent untersucht worden, dass aber kaum irgendwer es unternommen hat, sie zu einem Ganzen zusammenzufügen und ausfindig zu machen, wie sie mit einander verbunden sind. In allen übrigen Gebieten der Forschung wird die Nothwendigkeit der Verallgemeinerung von Jedermann zugegeben und wir begegnen edlen Anstrengungen, auf besondere Thatsachen gestützt, sich dazu zu erheben, die Gesetze zu entdecken, unter deren Herrschaft diese Thatsachen stehen. Die Historiker hingegen sind so weit davon entfernt, dieses Verfahren zu dem ihrigen zu machen, dass unter ihnen der sonderbare Gedanke vorherrscht, ihr Geschäft sei lediglich, Begebenheiten zu erzählen und diese allenfalls mit passenden sittlichen und politischen Betrachtungen zu beleben. Daher bei all' der Masse des Stoffes unsere unvollkommene Kenntniss der Geschichte; daher der Wunsch, nach einem umfassenderen Plan

als bisher, etwas zu unternehmen und eine ernst-
liche Anstrengung zu machen, um dieses grosse
Gebiet der Forschung mit anderen auf gleiche Höhe
zu bringen und das Gleichgewicht und die Harmonie
unseres Wissens zu bewahren. In diesem Sinne
wurde der Plan zu dem vorliegenden Werke gefasst.

In der Natur sind die scheinbar unregelmässigsten
und widersinnigsten Vorgänge erklärt und als im
Einklang mit gewissen, unwandelbaren und allgemeinen Gesetzen nachgewiesen worden. Wenn wir
nun die Vorgänge der Menschenwelt einer ähnlichen
Behandlung unterwerfen, das heisst, ihre Gesetze zu
entdecken suchen, haben wir Aussicht auf einen
ähnlichen Erfolg.

Hier wirft Buckle zunächst die Frage auf:
Sind die Handlungen der Menschen und
folglich auch der Gesellschaft bestimmten
Gesetzen unterworfen oder sind sie das
Ergebniss entweder des Zufalls oder einer
übernatürlichen Einwirkung?

In dieser Sache gibt es zwei Ansichten, welche
verschiedene Bildungsstufen zu vertreten scheinen:

Nach der ersten bleibt jede Begebenheit für sich
und vereinzelt und blos als das Ergebniss eines
blinden Zufalls zu betrachten.

Rohe wandernde Stämme, ohne die geringste
Färbung von Civilisation, nur von Jagd und Fischerei
lebend, können wohl zu dem Glauben kommen, dass
ihre Lebensbedürfnisse sich ihnen durch einen uner-
klärlichen Zufall darböten. Die Unregelmässigkeit
ihrer Ausbeute verhindert sie, irgend etwas wie

Methode in den Einrichtungen der Natur zu vermuthen, und ihr Geist begreift nicht das Dasein jener allgemeinen Principien, wodurch die Begebenheiten geordnet und beherrscht werden und durch deren Kenntniss wir oft ihren künftigen Verlauf vorhersagen können. Wenn aber diese Stämme sich zum Ackerbau erheben, machen sie zum ersten Male von einer Nahrung Gebrauch, die durch ihre eigne Thätigkeit nicht nur zum Vorschein kommt, sondern vollständig hervorgebracht wird. Sie sehen einen bestimmten Plan und eine gleiche regelmässige Folge in der Beziehung ihrer Aussaat zu dem gereiften Korn. Daraus entspringt ein dunkler Gedanke über die Stetigkeit der Vorgänge; und zum ersten Male dämmert dem Geiste eine schwache Vorstellung von Dem, was eine spätere Zeit die Gesetze der Natur nennt. Jede weitere Stufe in der Entwickelung wird diese Vorstellung zu grösserer Klarheit erheben. Es erzeugt sich ein Geschmack am abstracten Denken. Einige unter den Menschen verallgemeinern die Beobachtungen, die sie gemacht, und glauben, im Widerspruch mit den alten Vorurtheilen des Volkes, dass jeder Vorgang mit einem frühern in unvermeidlicher Verbindung stehe, dass dieser wieder mit einem noch frühern verknüpft ist und dass so die ganze Welt eine nothwendige Kette bildet, worin zwar Jeder seine Rolle spielen mag, aber keineswegs zu bestimmen vermag, welche es sein soll.

So zerstört im einfachen Fortschritt der menschlichen Gesellschaft die wachsende Einsicht in die

Gesetzmässigkeit der Natur die Ansicht vom Zufall
und setzt die von der nothwendigen Verkettung an
ihre Stelle. Es ist sehr wahrscheinlich, dass aus diesen beiden Anschauungen vom Zufall und von der Nothwendigkeit später die Dogmen vom freien Willen
und von der Vorherbestimmung entsprungen sind.
Bei vorgerückter Entwickelung der Gesellschaft
tritt diese Verwandlung in folgender Weise ein:
Sobald die Anhäufung von Reichthum einen gewissen Punct erreicht hat, wird in jedem Lande der
Ertrag der Arbeit eines Jeden mehr als hinreichend
für seinen Unterhalt, es ist daher nicht mehr nöthig,
dass Alle arbeiten, und es bildet sich eine eigne
Classe, deren Mitglieder ihr Leben grösstentheils im
Genuss von Vergnügungen hinbringen, einige Wenige
jedoch mit der Erwerbung und Verbreitung von
Kenntnissen. Unter diesen Letzteren finden sich
immer Einige, welche die Begebenheiten der Aussenwelt bei Seite setzen und ihre Aufmerksamkeit der
Erforschung ihres eignen Geistes zuwenden; und
wenn dies Männer von grossem Talent sind, werden
sie die Gründer neuer Philosophieen und neuer Re-
ligionen, die oft einen mächtigen Einfluss auf die
Völker, bei denen sie Eingang finden, ausüben. Aber
die Urheber dieser Systeme sind selbst dem Einflusse
ihres Zeitalters unterworfen. Niemand vermag sich
dem Eindrucke der Anschauungen, die ihn umgeben,
zu entziehen; und was man eine neue Philosophie
und neue Religion nennt, ist gemeiniglich nicht sowohl eine Schöpfung neuer Ideen, als vielmehr eine

neue Richtung, die man Ideen gibt, welche unter
den Denkern der Gegenwart im Umlauf sind.
In unserm Falle entspricht die Lehre vom Zufall
in der Aussenwelt der vom freien Willen in uns,
während die Lehre von der nothwendigen Verkettung
ebenso der von der Vorherbestimmung entspricht.
Im ersten Falle nimmt der Metaphysiker seinen
Ausgang von der Lehre vom Zufall, überträgt das
Princip der Willkühr und Unverantwortlichkeit auf
das Studium des menschlichen Geistes, und auf diesem
neuen Felde wird es der freie Wille, ein Ausdruck,
wodurch alle Schwierigkeiten beseitigt zu sein scheinen, da vollkommene Freiheit, selbst die Ursache
aller Handlungen, von keiner bewirkt wird, sondern
wie der Zufall ursprüngliches Factum ist, das keine
weitere Erklärung zulässt.

Im zweiten Falle nimmt der Theologe die Lehre
von der nothwendigen Verkettung und giesst sie in
theologische Form um; da sein Geist schon voll von
der Ordnung und Gleichmässigkeit ist, so schreibt
er natürlich eine solche unwandelbare Regelmässigkeit der Vorsehung des Allmächtigen zu, und so
wird zu der grossen Anschauung des Einen Gottes
der Glaubenssatz hinzugefügt, dass durch ihn von
Anbeginn alle Dinge absolut vorherbestimmt und
vorher geordnet sind.

Die Lehre von der Vorherbestimmung beruht also
auf einer theologischen, die von dem freien Willen
auf einer metaphysischen Hypothese.

Die Anhänger der ersten wollen uns glauben
machen, dass der Schöpfer, dessen Güte sie zugleich

willig zugeben, dessenungeachtet einen willkürlichen Unterschied zwischen „Erwählten" und „Verworfenen" gemacht, dass er von Ewigkeit her noch ungeborne Millionen, die nur seine That hervorbringen kann, verdammt habe, und dass er dies nicht aus Gerechtigkeit, sondern aus blosser despotischer Laune gethan*).

Die andere Lehre, welche lange unter dem Namen des freien Willens gefeiert wurde, gründet sich auf den metaphysischen Satz, dass das menschliche Selbstbewusstsein das Höchste sei.

Jeder Mensch, wird gesagt, fühlt und weiss, dass er ein freies Wesen ist, und auch die scharfsinnigsten Ausführungen können uns das Bewusstsein, einen freien Willen zu besitzen, nicht rauben. Nun erfordert das Dasein dieser höchsten Entscheidung, die so aller gewöhnlichen Art zu schliessen Trotz bietet, zwei Annahmen, von denen die erste, obgleich vielleicht richtig, nie bewiesen worden, und die andere ohne Zweifel unrichtig ist. Diese Annahmen sind, dass es ein unabhängiges Vermögen, Selbstbewusstsein genannt, gibt, und dass die Entscheidungen dieses Vermögens unfehlbar sind.

Wenn wir nun auch annehmen, dass das Selbstbewusstsein ein eignes Vermögen sei, so haben wir doch das Zeugniss der ganzen Geschichte als Beweis seiner ausserordentlichen Unsicherheit.

Alle grossen Stufen, die das Menschengeschlecht

---

*) Deus quos dignat vocat, quos vult religiosos facit. — Ambrosius.

im Fortgange der Civilisation überschritten hat,
zeichneten sich durch gewisse Eigenheiten des Geistes
oder Ueberzeugungen aus, die ihren Eindruck auf
die Sitten, die Religion und Philosophie des Zeitalters hinterlassen. Jede dieser Ueberzeugungen ist
für ein Zeitalter ein Gegenstand des Glaubens, für
das andere ein Gegenstand des Spottes gewesen, und
jede ist zu ihrer Zeit mit dem Geiste der Menschen
so innig verwachsen gewesen und so sehr ein Theil
ihres Selbstbewusstseins geworden, als es jetzt die
Vorstellung ist, die wir Willensfreiheit nennen. Und
doch können unmöglich alle diese Erzeugnisse des
Selbstbewusstseins wahr sein; denn viele wider-
sprechen einander. Das Zeugniss des Selbstbewusstseins eines Menschen ist daher kein Beweis für die
Wahrheit seiner Vorstellung, es müsste denn sein,
dass die Wahrheit zu verschiedenen Zeiten etwas
Verschiedenes, und zwei sich völlig widersprechende
Behauptungen gleich wahr sein könnten.

Wenn dieses Vermögen uns in einigen Fällen
täuscht, welche Sicherheit haben wir, dass es dies
nicht auch in anderen thut? Haben wir keine, so
verdient das Vermögen kein Vertrauen. Haben wir
aber irgend eine Sicherheit, so beweist ihr Dasein
die Nothwendigkeit einer Autorität, der das Selbstbewusstsein unterworfen ist, und vernichtet auf diese
Weise die Lehre von der höchsten Stellung des
Selbstbewusstseins, worauf die Vertheidiger des
freien Willens ihre ganze Theorie gründen müssen.
Und wirklich, die Ungewissheit über das Bestehen
des Selbstbewusstseins als eines unabhängigen Ver-

mögens und der Widerspruch gegen seine eignen Aeusserungen, wenn es als solches besteht, sind zwei von den mancherlei Gründen, die zu der Ueberzeugung drängen, dass sich die Metaphysik, wie sie den individuellen Geist betrachtet, niemals zu einer Wissenschaft erheben wird, dass vielmehr das Studium desselben mit Erfolg nur fortgeführt werden kann durch die Anwendung historisch entdeckter und abgeleiteter Gesetze, das ist, durch eine Prüfung des ganzen Gebiets jener umfassenden Erscheinungen, welche der lange Verlauf der Geschichte der Wissenschaft unsern Blicken darbietet.

Wenn wir eine Handlung vollbringen, so geschieht das nach einem Beweggrunde oder nach Beweggründen; diese sind wieder die Folgen aus etwas Vorhergegangenem, und wenn wir folglich mit Allem, was vorhergegangen, und mit allen Gesetzen, nach denen es erfolgt, bekannt wären, so müssten wir mit Unfehlbarkeit alle unmittelbaren Ergebnisse davon vorhersagen können. — Kenne ich die Gemüthsverfassung eines Menschen genau und alle Vorgänge, in deren Mitte er sich befunden, so kann ich sein Benehmen als eine Folge dieser Vorgänge vorhersehen. —

Es gibt also keine Vorherbestimmung. Die Handlungen der Menschen werden lediglich durch die Vergangenheit bestimmt und haben daher ein Gepräge von Gleichmässigkeit. Und da Alles, was früher vorgegangen, ein innerer oder äusserer Vorgang sein muss, so ist es klar: Alle Veränderungen, von denen die Geschichte voll ist, alle Wechselfälle,

die das Menschengeschlecht betroffen, sein Fortschritt
und sein Verfall, sein Glück und sein Elend, müssen
die Frucht einer doppelten Wirksamkeit sein, der
Einwirkung äusserer Erscheinungen auf unsern Geist
und der Einwirkung unsers Geistes auf die äussern
Erscheinungen.

Auf der einen Seite haben wir den menschlichen
Geist, der dem Gesetze seines eignen Wesens gehorcht und, wenn unbehelligt von äussern Einwirkungen, sich seiner Anlage gemäss entwickelt. Auf
der andern Seite haben wir, was man Natur nennt,
die ebenfalls ihren Gesetzen gehorcht, aber unauf-
hörlich mit dem Geiste der Menschen in Berührung
kommt, ihre Leidenschaften aufregt, ihren Verstand
antreibt und so ihren Handlungen eine Richtung gibt,
die sie ohne diese Störung nicht genommen haben
würden. So haben wir den Menschen, der auf die
Natur, und die Natur, die auf den Menschen ein-
wirkt, eine gegenseitige Einwirkung, aus welcher nothwendig alle Begebenheiten entspringen müssen.

Nur aus diesem Material lässt sich eine wissen-
schaftliche Geschichte aufbauen.

Unsere Aufgabe ist es nun, uns der Methode zu
versichern, wie wir die Geschichte dieser doppelten
Einwirkung entdecken können; und das führt auf
die vorläufige Frage, welche der beiden Einwirkungen
die wichtigste ist, das heisst, ob die Gedanken und
Wünsche der Menschen mehr durch Naturerscheinungen, oder die Naturerscheinungen mehr durch sie
beeinflusst werden.

Die Handlungen der Menschen theilen sich leicht
und natürlich in tugendhafte und lasterhafte; sie
stehen in Wechselbeziehung und machen zusammen
eine Totalität des sittlichen Betragens aus; so ergibt
es sich, dass der Zuwachs der einen Art ein verhält-
nissmässiges Abnehmen der andern nach sich zieht
und können wir also zu irgend einer Zeit eine Gleichmässigkeit und etwas Methodisches in den Lastern
eines Volkes entdecken, so muss eine entsprechende
Gleichmässigkeit in seinen Tugenden herrschen; oder
wenn wir eine Regelmässigkeit in seinen Tugenden
nachweisen könnten, so könnten wir mit Sicherheit
auf eine eben solche Regelmässigkeit in seinen
Lastern schliessen, da beide Reihen von Handlungen
sich lediglich einander ergänzen. Oder mit andern
Worten: wenn sich nachweisen lässt, dass die schlechten Handlungen der Menschen nach Veränderungen
der sie umgebenden Gesellschaft verschieden ausfallen, so werden wir schliessen müssen, dass ihre
guten Handlungen, gleichsam der Rückstand ihrer
schlechten, in derselben Weise verschieden ausfallen,
und wir werden zu dem weitern Schlusse genöthigt
sein, dass dieser Wechsel das Ergebniss weit ver-
breiteter allgemeiner Ursachen ist, welche durch ihre
Wirkung auf die ganze Gesellschaft gewisse Folgen
hervorbringen müssen, ohne Rücksicht auf die Ent-
schliessungen jener Einzelnen, aus denen die Gesellschaft besteht. Dies ist die Regelmässigkeit, welche
wir erwarten, wenn die Handlungen der Menschen
durch den Zustand der Gesellschaft, in der sie vorkommen, bestimmt werden, während wir auf der

andern Seite, wenn wir keine solche Regelmässigkeit finden können, glauben dürfen, dass ihre Handlungen von einem willkürlichen und persönlichen Princip abhängen, das Jedem eigenthümlich ist, wie die Willensfreiheit und dergleichen. Es wird daher im höchsten Grade wichtig, uns zu vergewissern, ob in dem ganzen ethischen Betragen einer gegebenen Gesellschaft eine Regelmässigkeit existirt oder nicht; und gerade das ist eine Frage, zu deren Entscheidung uns die Statistiker einen Stoff von unschätzbarem Werthe darbieten.

Als Beweis dafür, dass unsere Handlungen durch den Zustand der Gesellschaft, in der sie vorkommen, bedingt sind, führt Buckle die nachgewiesene gleichmässige Wiederholung aller Verbrechen an, auch des Selbstmordes, der z. B. in London von 240—219 im Jahre differirt und sich auch in den Mitteln, mit denen er begangen wird, gleich bleibt*).

Die Schwankungen der Verbrechen sind geringer, als die der Todesfälle. Die Erfahrung lehrt uns in der That mit aller möglichen Augenscheinlichkeit,

---

*) „In Hinsicht der Verbrechen kehren diese Zahlen mit unverkennbarer Stetigkeit wieder, und das ist selbst mit solchen Verbrechen der Fall, welche von menschlicher Berechnung ganz unabhängig zu sein scheinen, z. B. mit Morden, die gewöhnlich nach Streitigkeiten begangen werden, welche aus scheinbar zufälligen Umständen entspringen. Dennoch wissen wir aus Erfahrung, dass jedes Jahr nicht nur dieselbe Anzahl Morde stattfinden, sondern dass sogar die Instrumente, mit denen sie verübt werden, in demselben Verhältnisse gebraucht werden." Quetelet, sur l'homme.

2

was auf den ersten Anblick widersinnig erscheinen
mag, dass die Gesellschaft das Verbrechen vorbereitet und dass der Verbrecher nur das Werkzeug
ist, der es vollzieht.

In einem gewissen Zustande der Gesellschaft
muss eine gewisse Zahl Menschen ihrem Leben selbst
ein Ende machen — das ist das allgemeine Gesetz.
Die besondere Frage, wer nun das Verbrechen be-
gehen soll, hängt von besonderen Gesetzen ab, welche
jedoch in ihrer Gesammtwirksamkeit dem allgemeinen
Gesetze gehorchen müssen, dem sie alle unterworfen
sind. Und nicht nur die Verbrechen zeichnen sich
durch diese Gleichförmigkeit ihrer Aufeinanderfolge
aus. Selbst die Zahl der jährlich geschlossenen Ehen
wird nicht durch die Stimmung und Wünsche der
Einzelnen bestimmt, sondern durch grosse allgemeine
Thatsachen, auf welche die Einzelnen keinen Einfluss
ausüben können. Es ist jetzt eine bekannte Sache,
dass die Heirathen in einem festen und bestimmten
Verhältniss zu den Kornpreisen stehen, und in England hat die Erfahrung eines Jahrhunderts bewiesen,
dass sie keineswegs von den persönlichen Gefühlen
abhängen, sondern sich einfach nach dem durch-
schnittlichen Verdienst der grossen Masse des Volkes
richten, so dass diese bedeutende gesellige und religiöse Einrichtung von dem Preise der Lebensmittel
und dem Stande der Arbeitslöhne nicht nur beeinflusst, sondern vollständig beherrscht wird.

In andern Fällen hat man Gleichförmigkeiten
entdeckt, während ihre Ursachen noch unbekannt
sind.

So sind wir jetzt im Stande zu beweisen, dass selbst die Gedächtnissfehler sich durch diesen allgemeinen Charakter der nothwendigen und unwandelbaren Ordnung bemerkbar machen. Die Postämter von London und Paris haben Berichte veröffentlicht über die Anzahl der Briefe, welche die Schreiber derselben aus Vergesslichkeit ohne Aufschrift abschicken, und wenn man den Unterschied in Anschlag bringt, den eintretende Umstände verursachen, so findet man Jahr für Jahr die Berichte nur wiederholt. Alle Jahre vergisst die nämliche Anzahl Briefschreiber diese einfache Handlung, so dass wir wirklich für jeden folgenden Zeitraum die Zahl Derer vorhersagen können, deren Gedächtniss ihnen bei dieser unbedeutenden und scheinbar zufälligen Gelegenheit den Dienst versagt.

Wer die Regelmässigkeit der Ereignisse ruhig ins Auge fasst, wer sich fest von der grossen Wahrheit überzeugt hat, dass die Handlungen der Menschen unter dem Einflusse vorhergehender Ursachen in Wahrheit immer folgerecht sind, und so launenhaft sie auch scheinen mögen, nur ein Theil in einem grossen Systeme allgemeiner Ordnung bilden, wovon wir bei dem gegenwärtigen Zustande unserer Kenntnisse nur die Umrisse zu erblicken vermögen — wer das einsieht und hiermit zugleich den Schlüssel und die Grundlage der Geschichte besitzt, den werden die eben angeführten Thatsachen so wenig befremden, dass er sie vielmehr geradezu erwartet haben wird als Etwas, das längst bekannt sein sollte.

Wenn wir die unaufhörliche Berührung des

2 *

Menschen mit der Aussenwelt bedenken, so wird es
uns zur Gewissheit, dass eine innige Verbindung
zwischen den Handlungen der Menschen und den
Gesetzen der Natur stattfinden muss; und wenn man
daher die Naturwissenschaft bis jetzt noch ohne Einfluss auf die Geschichte gelassen hat, so ist der
Grund davon, dass entweder die Historiker den Zusammenhang nicht bemerkt haben, oder wenn sie
ihn bemerkt haben, dass es ihnen an der nöthigen
Kenntniss gefehlt, um seinen Einfluss nachzuweisen.
Da die Geschichte mit den Handlungen der Menschen zu thun hat, ihre Handlungen aber nur das
Erzeugniss eines Zusammentreffens innerer und äusserer Erscheinungen sind, so wird es nöthig, die
verhältnissmässige Wichtigkeit dieser Erscheinungen
zu prüfen, zu untersuchen, wie weit ihre Gesetze
bekannt sind, und die Hilfsmittel für weitere Entdeckungen aufzufinden, welche diesen zwei grossen
Classen, den Naturforschern und den Erforschern des
Geistes, zu Gebote stehen.

Wenn wir nach den mächtigsten Einflüssen der
Natur auf das Menschengeschlecht fragen, werden
wir vier Arten finden: Klima, Nahrung,
Boden und die Naturerscheinungen im
Ganzen, d. h. die Erscheinungen, welche vornehmlich durch das Auge, aber auch durch andere
Sinne die Ideen-Verbindungen geleitet und so in
verschiedenen Ländern verschiedene Gedankenkreise
erzeugt haben. Die Naturerscheinung wirkt vor-
züglich auf die Phantasie und giebt die unzähligen
Formen des Aberglaubens an die Hand, welche

so grosse Hindernisse für den Fortschritt der Erkenntniss bilden.

Und da in der Kindheit eines Volkes die Macht
dieser abergläubischen Vorstellungen souverain ist,
so hat die verschiedene Naturbeschaffenheit auch
verschiedene Nationalcharactere erzeugt und der
Nationalreligion eine Färbung gegeben, welche unter
gewissen Verhältnissen unauslöschlich ist.

Die andern drei Einflüsse haben keine so un-
mittelbare Wirkung dieser Art gehabt; aber sie haben
den bedeutendsten Einfluss auf die Einrichtung der
Gesellschaft gehabt, und aus ihnen sind manche der
umfassenden und hervorstechenden Unterschiede der
Völker entsprungen, die man oft dem Racenunterschiede, wonach man die Menschheit eingetheilt,
zugeschrieben hat. Während aber diese ursprünglichen Racenunterschiede nichts als Hypothesen sind,
lassen sich die Verschiedenheiten als Wirkung des
verschiedenen Klimas etc. befriedigend erklären.

Von Allem, was für ein Volk aus seinem Klima,
seiner Nahrung und seinem Boden folgt, ist die Anhäufung von Reichthum das Erste und in mancher
Hinsicht Wichtigste. Denn obgleich der Fortschritt
der Kenntnisse am Ende das Steigen des Reichthums
beschleunigt, so ist es doch gewiss, dass sich bei
der ersten Ausbildung der Gesellschaft Reichthum
anhäufen muss, ehe die Wissenschaft beginnen kann.
So lange Jeder nur damit beschäftigt ist, die Nothdurft für seinen Unterhalt anzuschaffen, wird weder
Musse noch Sinn für höhere Bestrebungen vorhanden
sein; es kann unmöglich eine Wissenschaft entstehen

und das Aeusserste, was erreicht werden kann, wird
sein, durch so rohe und unvollkommene Werkzeuge,
wie sie auch das ungebildetste Volk erfinden kann,
eine Arbeitsersparniss zu versuchen.

Ohne Reichthum keine Musse und ohne Musse
keine Wissenschaft. Nun leuchtet es ein, dass bei
einem ganz unwissenden Volke die Schnelligkeit,
womit Reichthum erzeugt wird, ganz und gar von
der natürlichen Beschaffenheit eines Landes bestimmt
werden wird. Später, wenn der Reichthum capita-
lisirt ist, kommen andere Ursachen ins Spiel. Aber
bis das geschieht, kann der Fortschritt nur von zwei
Umständen abhängen; zuerst von der Anstrengung
und Regelmässigkeit, womit die Arbeit geleistet wird,
und zweitens von dem Ertrage, den die Natur dieser
Arbeit durch ihre Fruchtbarkeit gewährt. Und beide
Ursachen sind selbst das Ergebniss früherer natürlicher Vorgänge. Die Arbeitserträge werden durch
die Fruchtbarkeit des Bodens bestimmt, und auf der
andern Seite wird die Energie und Regelmässigkeit
der Arbeit ganz von dem Einflusse des Klimas abhängen.

In Asien ist die Civilisation immer auf die grosse
Strecke beschränkt gewesen, wo ein reicher ange-
schwemmter Boden dem Menschen den Reichthum
gesichert hat, ohne dessen Genuss kein intellectueller
Fortschritt beginnen kann. Dieser Länder-Umfang
erstreckt sich mit wenigen Unterbrechungen von dem
Osten Südchinas bis zu den westlichen Küsten Klein-
asiens, Phöniciens und Palästinas. Nördlich von
diesem Gürtel ist eine lange Reihe unfruchtbarer

Länder, welche immer von roben wandernden Stämmen bevölkert gewesen, die durch die unwirthbare Natur des Bodens in Armuth gehalten wurden und die, so lange sie darauf blieben, nie aus ihrem uncivilisirten Zustande herauskamen. Diese nämlichen mongolischen und tartarischen Horden haben zu verschiedenen Zeiten in China, Indien und Persien grosse Monarchieen gegründet und eine hohe Civilisation erreioht. Die Araber sind in ihrer Heimath stets wegen der Dürre ihres Bodens ein rohes Volk geblieben; aber im siebenten Jahrhundert eroberten sie Persien, im achten den besten Theil Spaniens und am Ende fast ganz Indien. Sie wurden die Gründer mächtiger Reiche, bauten Städte und sammelten Bibliotheken. Das fruchtbare Nildelta gewährte der Arbeit den reichsten und ausgiebigsten Ertrag und wurde so der Sitz der ägyptischen Civilisation, die, so sehr sie überschätzt wurde, doch einen auffallenden Contrast zu der Barbarei anderer afrikanischer Völker bildet, von denen keines sich auch nur einigermaassen aus der Unwissenschaft hat herausarbeiten können, zu der die Armuth der Natur sie verdammte.

Die Fruchtbarkeit des Bodens ist also das, was in der alten Welt den grössten Einfluss ausübte. In der europäischen Civilisation hingegen ist die andere grosse Ursache, nämlich das Klima, am mächtigsten gewesen, und das wirkt theils auf die Fähigkeit des Arbeiters zu seiner Arbeit, theils auf die Regelmässigkeit oder Unregelmässigkeit seiner Sitten.

Dieser Unterschied in der Wirkung hat merk-
würdiger Weise mit dem Unterschiede der Ursachen
übereingestimmt. Denn obgleich aller Civilisation
die Ansammlung von Reichthum vorausgehen muss,
so wird doch, was darauf folgt, in nicht geringem
Maasse durch die Bedingungen bestimmt werden,
unter denen diese Ansammlung stattfand. In Asien
und Afrika war die Bedingung ein fruchtbarer Boden, der einen reichlichen Ertrag gab; in Europa
war es ein glückliches Klima, welches eine erfolg-
reichere Arbeit veranlasste. Im ersten Falle hängt
die Wirkung von dem Verhältniss zwischen dem
Boden und seinen Producten ab; mit andern Worten, von der blossen Einwirkung eines Theils äusserer Natur auf einen andern. In dem letztern
Falle hängt die Wirkung von der Beziehung des
Klimas auf den Arbeiter ab; das heisst, die Einwirkung äusserer Natur auf den Menschen. — Die erste
Classe dieser Beziehungen ist am wenigsten verwickelt, der Störung am wenigsten unterworfen und
kommt daher früher in Anwendung. Aber der einzige Fortschritt, der ein wahrhaft wirksamer ist,
hängt nicht von dem Reichthum der Natur, sondern
von der Thatkraft des Menschen ab. Desshalb hat
die Civilisation in Europa, die auf ihrer frühesten
Stufe von dem Klima bestimmt wurde, eine Ent-
wickelungsfähigkeit gezeigt, die den Civilisationen
unbekannt, welche ihren Ursprung dem Boden verdanken. Denn die Naturkräfte sind trotz ihrer
scheinbaren Grossartigkeit beschränkt und stationär,
wenigstens haben wir nicht den geringsten Beweis,

dass sie jemals zugenommen haben oder dass sie je
einer Zunahme fähig sein werden. Aber die Kräfte
des Menschen sind unbegrenzt. Und da die Fähigkeit, die der Geist besitzt, seine eignen Hilfsquellen
zu vermehren, eine Eigenthümlichkeit des Menschen
ist, so ergibt sich, dass die Einwirkung des Klimas,
welche ihm dadurch Reichthum giebt, dass sie ihn
zur Arbeit antreibt, am Ende seinem Fortschritt gün-
stiger ist, als die Einwirkung des Bodens, der ihm
zwar auch Reichthum gewährt, aber nicht durch
Aufstachelung seiner Thatkraft, sondern lediglich
vermöge des natürlichen Verhältnisses zwischen der
Bodenbeschaffenheit und der Menge oder dem Werthe
des Products, welches der Boden fast freiwillig gewährt.

Nachdem der Reichthum hervorgebracht, entsteht die vielleicht noch wichtigere Frage, wie er zu
vertheilen ist, das heisst: in welchem Verhältniss er
den höheren und den niederen Classen zukommen
soll. Auf einer vorgerückten Stufe der Gesellschaft
hängt dies von einer Masse verwickelter Umstände
ab. Aber auf einer sehr frühen Stufe der Gesellschaft, und ehe ihre späteren feineren Verwickelungen
begonnen haben, lässt sich beweisen, dass die Vertheilung des Reichthums ebensowohl wie seine Her-
vorbringung gänzlich unter natürlichen Gesetzen steht
und dass diese Gesetze so wirksam sind, dass sie
eine grosse Mehrheit der Bewohner des schönsten
Theiles der Erde ununterbrochen in einem Zustande
dauernder und unüberwindlicher Armuth gehalten
haben. Die grosse Bedeutung dieser Gesetze ist

unverkennbar; denn da Reichthum eine Quelle der Macht ist, so leuchtet es ein, dass unter sonst gleichen Umständen eine Erörterung der Vertheilung des Reichthums eine Erörterung der Machtvertheilung ist und als solche auf den Ursprung der socialen und politischen Ungleichheiten, deren Einfluss und Antagonismus einen bedeutenden Theil der Geschichte jedes civilisirten Landes ausmachen, ein bedeutendes Licht wirft.

Der Arbeitslohn steigt oder sinkt mit der Bevölkerung, er steigt, wenn zu wenig Arbeit, und er sinkt, wenn zu viel angeboten wird; die Bevölkerung selbst steigt bei reichlichem Vorrath, steht still und geht zurück bei dürftigem Vorrath. Die nöthigen Lebensmittel sind in kalten Gegenden spärlicher als in warmen. Daher ist in heissen Gegenden stets eine Tendenz zu niedrigem Arbeitslohn, in kalten zu hohem. — Daher in heissen Gegenden die schlechte Lage der grossen Masse, und der massenhafte Reichthum Einzelner, durch grössere Begabung Hervorragender. ·

Es gibt in der Geschichte kein Beispiel eines tropischen Landes, in welchem bei ausgedehnter Anhäufung des Reichthums das Volk seinem Schicksale entgangen wäre; kein Beispiel, wo nicht die Hitze des Klimas einen Ueberfluss der Nahrung und dieser Ueberfluss eine ungleiche Vertheilung zuerst des Reichthums und sodann der politischen und socialen Macht hervorgebracht hätte. Bei Nationen, die diesen Bedingungen unterworfen waren, hat das Volk nichts gegolten; es hat keine Stimme in der Verwaltung

des Staates, keine Aufsicht über den Reichthum ge·
habt, den sein eigner Fleiss geschaffen. Sein ein-
ziges Geschäft ist gewesen, zu arbeiten, seine einzige Pflicht, zu gehorchen. So hat sich bei ihm jene
Gewohnheit zahmer Unterwerfung erzeugt, wodurch
es sich immer characterisirt. Das demokratische
Element fehlt gänzlich, Alles geht von Oben aus.
Das Alles findet wie auf Indien, so auch auf Aegyp-
ten, Mexico und Peru seine Anwendung. Auch hier
ist die Landesnahrung wohlfeil und im Ueberfluss,
daher der Arbeitsmarkt überfüllt, daher eine sehr
ungleiche Vertheilung von Reichthum und Gewalt,
und daher alle die Folgen, welche eine solche Un-
gleichheit unvermeidlich nach sich ziehen wird.

So ungeheure und doch so nutzlose Bauwerke
(die Pyramiden) aufzuführen, dazu mussten die Herrscher Tyrannen und das Volk in Sclaverei sein.
Kein noch so grosser Reichthum, kein noch so grosser verschwenderischer Aufwand wäre im Stande, die
Kosten zu decken, welche es verursacht haben
würde, wenn sie das Werk freier Männer wären, die
für ihre Arbeit einen billigen ehrlichen Lohn be-
kommen hätten*).

Ein stationärer conservativer Geist ist allen jenen

---

*) Weit gefehlt also, dass die Pyramiden ein Kennzeichen von
der Glückseligkeit und Aufklärung des alten Aegyptens sein sollten,
sind sie ein unwidersprechliches Denkmal von dem Aberglauben und
der Gedankenlosigkeit sowohl der Armen, die da bauten, als der
Ehrgeizigen, die den Bau befohlen. — Herder, Ideen zur Geschichte der Menschheit.

Ländern eigen, in denen die oberen Classen die Gewalt ausschliesslich an sich gerissen haben.

Nun untersucht B u c k l e den Einfluss der Naturerscheinungen im Ganzen und legt dar, dass, wie Klima u. s. w. hauptsächlich die Ansammlung und Vertheilung des Reichthums beeinflussen, die Naturerscheinungen im Ganzen auf die Ansammlung und Ausbreitung von G e d a n k e n einwirken.

Die Naturerscheinungen lassen sich in zwei Classen theilen: in die, welche vornehmlich auf die Phantasie wirken, und zweitens die, die sich an den Verstand wenden, an die rein logischen Operationen der Intelligenz.

Es ist zwar wahr, bei einem gesunden Gleichgewicht des Geistes haben Phantasie und Verstand jedes seine Rolle und unterstützen sich einander, aber es ist eben so wahr, dass in den meisten Fällen der Verstand zu schwach ist, die Phantasie niederzuhalten und ihre gefährliche Willkür zu zügeln.

Eine vorgerückte Civilisation strebt, das Missverhältniss auszugleichen und dem Verstande die Autorität zu verschaffen, welche auf einer frühen Stufe der Gesellschaft die Phantasie ausschliesslich in Besitz hatte. Aber selbst in unserem Zeitalter, wo die Phantasie mehr als in irgend einem früheren beherrscht wird, hat sie immer noch viel zu viel Gewalt; dies lässt sich beweisen durch den Aberglauben, der noch herrscht, und durch die poetische Ehrfurcht vor dem Alterthum, die immer noch unter den Gebildeten die Unabhängigkeit fesselt, das Urtheil blendet und die Originalität beschränkt.

Alles, was die Gefühle der Furcht erregt oder das Gemüth mit grosser Verwunderung und dem Begriffe des Unbestimmten und Uebermächtigen erfüllt, hat eine besondere Anlage, die Phantasie zu entflammen und die langsame bedächtigere Operation des Verstandes unter ihre Herrschaft zu bringen. Nun liegen alle grossen ursprünglichen Culturländer innerhalb der Wendekreise oder in ihrer unmittelbaren Nähe, wo diese Erscheinungen ungemein erhaben und schrecklich sind und wo die Natur dem Menschen in jeder Hinsicht höchst gefährlich ist. Es ist eigenthümlich für die Phantasie, sich mit dem Unbekannten zu beschäftigen; daher wird jedes unerklärte und wichtige Ereigniss unmittelbar ein Antrieb für sie. In tropischen Ländern sind aber solche Ereignisse häufiger als anderswo, dort wird also höchst wahrscheinlich die Phantasie die Oberhand gewinnen.

Von den Naturereignissen, die die Unsicherheit des Menschen erhöhen, sind Erdbeben wohl das hervorstechendste; der Schrecken, den sie einflössen, erregt die Phantasie in einem schmerzlichen Grade, überwiegt das Urtheil und macht den Menschen zu abergläubischen Vorstellungen geneigt. Und Wiederholung, weit entfernt, diese Gefühle abzustumpfen, regt sie vielmehr noch tiefer auf.

Wo menschliche Macht nicht ausreicht, wird übermenschliche zu Hilfe gerufen; an die Gegenwart des Geheimnissvollen und Unsichtbaren wird geglaubt, und unter dem Volke gedeihen jene Gefühle von Furcht und Hilflosigkeit, worauf sich aller Aberglaube gründet und ohne die er sich nicht halten kann.

Bei einem unwissenden Volke herrscht die Neigung, alle ernsthaften Gefahren übernatürlichen Einwirkungen zuzuschreiben; dadurch wird ein starkes religiöses Gefühl erregt und so geschieht es fortdauernd, dass man sich nicht nur der Gefahr unterwirft, sondern sie geradezu anbetet.

Auch sind die Menschen in tropischen Klimaten mehr Krankheiten unterworfen, was sie geneigter macht, übernatürlichen Beistand zu suchen, als das sonst der Fall sein würde.

So schreibt überall das gemeine Volk die Krankheiten, welche besonders verderblich sind, dem Eingreifen der Gottheit zu. Wo der natürliche Verlauf endet, lässt man eben den übernatürlichen beginnen.

In den aussereuropäischen Ländern war also gleichsam die ganze Natur verschworen, die Macht der Phantasie zu erhöhen und die des Verstandes zu schwächen, während in Europa die Naturerscheinungen im Ganzen dahin zielen, die Phantasie zu beschränken, den Verstand hingegen kühn zu machen und so den Menschen mit Vertrauen auf seine eignen Hilfsmittel zu erfüllen, und die Vermehrung seiner Kenntnisse zu erleichtern durch die Erweiterung jenes kühnen wissenschaftlichen Forschergeistes, der unaufhaltsam vordringt und von dem der Fortschritt in aller Zukunft abhängen muss.

Buckle vergleicht nun Indien mit Griechenland, wo die umgebenden Naturerscheinungen keine Furcht, son-

dern Vertrauen erweckten; hier war die Natur weniger
gefährlich, weniger zudringlich und weniger geheim-
nissvoll als in Indien. — In Griechenland war folglich der menschliche Geist weniger erschreckt und
weniger abergläubisch, natürliche Ursachen wurden
allmählig studirt; so wurde zuerst eine Naturwissenschaft möglich, und der Mensch suchte, wie er allmählig zum Gefühl seiner Kraft erwachte, die Begebenheiten mit einer Kühnheit zu erforschen, die
man in den Ländern nicht erwarten konnte, wo der
Druck der Natur seine Unabhängigkeit gefährdete
und ihm Gedanken eingab, mit denen die Wissenschaft unverträglich ist.

Die Mythologie von Indien beruht wie die jedes
tropischen Landes auf dem Schrecken; die Richtung
der asiatischen Civilisation war, den Abstand zwischen den Menschen und ihren Gottheiten zu erweitern, die der griechischen Bildung, diesen Abstand
zu verengern. So hatten alle Götter in Hindostan
etwas Ungeheures an sich, die griechischen Götter
dagegen wurden immer unter ganz menschlichen
Formen vorgestellt, mit menschlicher Eigenschaft,
menschlichem Beruf und menschlichem Geschmack.
— Auch finden wir in Griechenland zum ersten Male
den Heroendienst, das heisst, die Vergötterung sterb-
licher Menschen. Das konnte in einem tropischen
Culturlande nicht erwartet werden, wo die Naturerscheinungen den Menschen mit einem anhaltenden
Gefühl seiner Unfähigkeit erfüllten. Aber in Griechenland, wo der Mensch von der Aussenwelt weniger
gedemüthigt und so zu sagen in den Schatten gestellt

wurde, dachte er grösser von seiner eignen Kraft, und die Menschennatur fiel nicht in Verachtung, wozu sie anderswo herabsank. Die Folge davon war, dass die Vergötterung von Sterblichen ein anerkannter Theil der Nationalreligion war, und das zeigte sich für Europa so natürlich, dass dieselbe Sitte nachher mit grossem Erfolge von der römischen Kirche erneuert wurde.

So hatte in Griechenland Alles eine Richtung darauf, die Würde des Menschen zu erhöhen, und in Indien, sie herabzudrücken. In Griechenland war zum ersten Male in der Weltgeschichte die Phantasie einigermaassen vom Verstande gemässigt und beschränkt. Nicht dass ihre Stärke gemindert oder ihre Lebenskraft geschwächt worden, sie wurde nur gebändigt und gezähmt, ihre Auswüchse wurden gehemmt, ihre Thorheiten gezüchtigt. In der griechischen Literatur wurde zuerst der Versuch gemacht, alle Meinungen in ihrer Uebereinstimmung auf die menschliche Vernunft zu prüfen und so dem Menschen das Recht zu sichern, Zustände, die für ihn von der höchsten Wichtigkeit sind, selbst zu beurtheilen.

Wenn nun der Fortschritt Europas in der Civilisation durch einen verminderten Einfluss der Naturgesetze und durch einen vermehrten Einfluss der geistigen Gesetze bezeichnet wird, so sind für den Fortschritt der Menschheit die geistigen Gesetze wichtiger als die natürlichen, da das Maass der Civilisation der Triumph des Geistes über die Aussenwelt ist.

Buckle hält nun die metaphysische Methode, die Gesetze des Menschengeistes zu erforschen, nicht für genügend. Sie besteht darin, dass der Beobachter die Operationen seines eignen Geistes studirt. Das ist der gerade Gegensatz der historischen Methode; der Metaphysiker erforscht e i n e n Geist, der Historiker v i e l e Geister. Durch die metaphysische Methode wurde auch nie in irgend einem Wissenszweig eine Entdeckung gemacht. Die Phänomene zu isoliren, wie das zur genauen Beobachtung nöthig wäre, ist für den Metaphysiker eine Unmöglichkeit, und dann kann man doch unmöglich durch das Studium seines Geistes die Gesetze aller Geister erhalten. — Es gibt für den Metaphysiker zwei Arten zu verfahren. Entweder er beginnt damit, dass er seine sinnlichen Eindrücke untersucht, oder seine Ideen. Diese beiden Methoden werden immer zu Folgerungen führen, die sich gerade entgegengesetzt sind. B u c k l e zweifelt nicht, dass die Metaphysik nur durch eine Erforschung der Geschichte, die so umfassend ist, dass sie uns die Bedingungen verstehen lehrt, wodurch die Entwickelung des Menschengeschlechts geleitet wird, mit Erfolg behandelt werden kann. Die einzig richtige Methode ist, die geistigen Phänomene nicht wie sie in dem Geiste des Individuums, das beobachtet, sondern wie sie in dem Thun der Menschheit überhaupt erscheinen, zu erforschen. Wenn wir etwas wirklich Bedeutendes ausrichten wollen, so müssen wir uns so umfassende Uebersichten von Thatsachen verschaffen, dass wir die Störungen ausscheiden können, welche wir, da ein Experiment unmöglich ist, niemals zu isoliren im Stande sind.

Wie können nun durch Anwendung dieser Methode
die Gesetze des geistigen Fortschrittes am leichtesten
entdeckt werden?

Dieser Fortschritt ist ein zweifacher: ein sittlicher
und ein intellectueller, wovon der erste sich auf unsere Pflichten, der zweite auf unser Wissen bezieht.
Ein Volk kann nicht wirklich fortschreiten, wenn
auf der einen Seite seine fortschreitende Geschicklichkeit durch zunehmende Laster begleitet wird, oder
auf der andern Seite, wenn es zwar tugendhafter,
aber auch zugleich unwissender wird.

Welches von diesen Elementen des geistigen
Fortschritts ist das wichtigste?

Weil der Fortschritt selbst das Resultat ihrer ver-
einigten Thätigkeit ist, so wird es nöthig, festzustellen, welches von beiden am kräftigsten wirkt,
damit wir das schwächere Element den Gesetzen des
stärkeren unterordnen können. Sobald wir wissen,
wie sich die Kräfte dieser beiden Bestandtheile zu
einander verhalten, werden wir sie nach dem gewöhnlichen Plane unserer Forschung behandeln, das
heisst, wir werden annehmen, dass das Ergebniss
ihrer gemeinsamen Thätigkeit den Gesetzen des
mächtigeren Theiles unterworfen ist und dass die
Thätigkeit desselben gelegentlich durch die untergeordneten Gesetze des schwächeren Theiles gestört
wird.

Vor Allem ist festzustellen, dass das sittliche und
intellectuelle Vermögen des Menschen bei vorgerückter
Civilisation von Natur nicht schärfer und zuverlässiger

ist, als vorher, wenigstens soweit wir sichere Kenntniss hierüber haben.

Was also auch der sittliche und intellectuelle Fortschritt der Menschheit sein mag, es ergibt sich, dass es kein Fortschritt in natürlicher Fähigkeit sein kann, sondern so zu sagen nur ein Fortschritt in der Bequemlichkeit ist, das heisst, eine Verbesserung der Umstände, unter denen die Fähigkeit nach der Geburt in Wirksamkeit tritt.

Ein Kind, das in einem civilisirten Lande geboren wurde, übertrifft als solches das Kind eines Barbaren nicht; und der Unterschied zwischen dem, was beide Kinder thun werden, wird einzig durch den Drang äusserer Umstände hervorgebracht werden; durch die Vorstellungen, die Wissenschaft, den Umgang der Umgebung, mit einem Worte die ganze geistige Atmosphäre, von der die beiden Kinder genährt werden.

Im Ganzen wird die Menschheit in ihrem sittlichen und intellectuellen Betragen durch die sittlichen und intellectuellen Begriffe, die in ihrer Zeit vorherrschen, geleitet.

Nun lehrt ein Blick auf die Geschichte, dass dieses Maass des Zeitgeistes sich fortdauernd ändert und nie ganz das nämliche ist. Die Meinungen, welche in einer Nation populär sind, wechseln in mancher Hinsicht von Jahr zu Jahr, und was in einer Periode als Widersinn und Ketzerei angefeindet wird, das wird von einer neuen Periode als nüchterne Wahrheit willkommen geheissen.

3 *

Diese ausserordentliche Unstetigkeit in dem gewöhnlichen Maassstabe menschlicher Handlungen
zeigt, dass die Bedingungen selbst, von denen der
Maassstab abhängt, sehr wandelbar sein müssen;
offenbar sind aber diese Bedingungen, worin sie auch
bestehen mögen, die Quellen des sittlichen und intellectuellen Verfahrens der Durchschnittsmasse der
Menschen.

Hier haben wir also eine Grundlage, auf der sich
weiter bauen lässt. Zeigen die Umstände, die für
die Ursachen menschlichen Verfahrens gelten, sich
nicht als veränderliche, so müssen wir schliessen,
dass dies eben die Ursachen nicht sind. Wenden
wir diesen Prüfstein auf sittliche Motive oder die
Gebote des sogenannten sittlichen Gefühls an, so
werden wir sogleich bemerken, wie äusserst gering
der Einfluss ist, den diese Beweggründe auf den
Fortschritt der Civilisation ausgeübt; denn es findet
sich offenbar nichts in der Welt, das so wenig Veränderungen erlitten hat, als jene grossen Grundsätze,
welche die Moralsysteme ausmachen. Sie sind seit
Jahrtausenden bekannt und fast ganz unverändert
geblieben.

Dass das neue Testament keine einzige Maxime
enthält, die nicht schon früher ausgesprochen worden, und dass einige der schönsten Stellen in den
apostolischen Schriften aus heidnischen Schriftstellern
genommen sind, ist jedem Gelehrten wohl bekannt;
und das ist so wenig ein Vorwurf für das Christenthum, dass es ihm vielmehr zur Empfehlung gereicht;
denn es beweist die innige Verwandtschaft der

Lehren seines Stifters mit der sittlichen Richtung der
Menschheit zu verschiedenen Zeiten.

Anders ist es mit den intellectuellen Wahrheiten. —

Alle grossen Gedankensysteme sind wesentlich
verschieden gewesen. Im Verhalten der Intelligenz
haben die Neuern nicht nur in jedem Gebiete des
Wissens die bedeutendsten Erwerbungen gemacht,
sie haben auch die alten Methoden der Forschung
umgestossen und revolutionirt; sie haben alle jene
Hilfsmittel der Induction, die nur Aristoteles dunkel
ahnte, zu einem grossen Forschungsplane vereinigt
und Wissenschaften hervorgerufen, von denen die
kühnsten Denker des Alterthums nicht die entfernteste Vorstellung hatten.

Da nun die Civilisation das Ergebniss sittlicher
und intellectueller Factoren ist und das Ergebniss in
fortdauernder Veränderung begriffen ist, so kann sie
offenbar nicht von dem stationären Factor geregelt
werden, weil in unveränderter Umgebung ein stationärer Factor nur eine stationäre Wirkung haben
kann.

Es ist also der intellectuelle Factor der wirkende
Theil, und in der That entwickelt das intellectuelle
Princip eine Thätigkeit und eine Fähigkeit des Ein-
greifens, welche vollkommen ausreichen, den ausser-
ordentlichen Fortschritt zu erklären, den Europa seit
Jahrhunderten gemacht hat.

Das intellectuelle Princip ist aber nicht nur viel
progressiver als das moralische, sondern bringt auch
dauernde Resultate hervor. Die Erwerbungen der

Intelligenz werden in jedem civilisirten Lande sorgfältig aufbewahrt, in gewissen wohlverstandenen Formeln aufgeführt und durch die Anwendung einer technischen und wissenschaftlichen Sprache geschützt; sie werden leicht von einer Generation der andern überliefert, nehmen so eine zugängliche, so zu sagen fassliche Form an und üben öfters auf die entfernteste Nachkommenschaft ihren Einfluss aus; sie werden die Erbschaft der Menschheit, der unsterbliche Nachlass des Genius, dem sie ihr Dasein verdanken. Dagegen sind die guten Thaten, die wir mit unserer sittlichen Kraft ausüben, weniger zu vererben; sie haben mehr einen Privatcharacter; weil die Motive, denen sie ihren Ursprung verdanken, gewöhnlich die Folge von Selbstbeherrschung und Aufopferung sind, so muss Jeder sie selbst hervorbringen, und da sie Jeder von Neuem zu beginnen hat, so haben sie wenig Vortheil von den Maximen einer früheren Erfahrung und lassen sich nicht leicht zum Gebrauche für künftige Moralisten sammeln.

Die Anstrengungen der thätigsten Menschenfreundlichkeit sind verhältnissmässig von kurzer Dauer, berühren nur eine geringe Zahl Menschen, denen sie zu Gute kommen, überleben selten die Generation, die sie entstehen sah. Wenn sie die dauerhaftere Form wählen, grosse öffentliche Wohlthätigkeitsanstalten zu gründen, so werden solche Anstalten gewöhnlich Missbräuchen unterworfen, dann gerathen sie in Verfall und nach einiger Zeit gehen sie entweder ganz zu Grunde oder werden von ihrer ursprünglichen Bestimmung abgelenkt und spotten der

Anstrengung, das Andenken auch der reinsten und
entschiedensten Wohlthätigkeit zu verewigen *).

Je tiefer wir in den Gegenstand eindringen, desto
klarer wird sich uns die Ueberlegenheit des intellectuellen Erwerbs über das sittliche Gefühl zeigen.
Es gibt kein Beispiel in der Geschichte, dass ein
unwissender Mann mit guten Absichten und mit der
höchsten Gewalt, sie zwangsweise durchzusetzen, nicht
mehr Uebles als Gutes gestiftet hätte. Aber wenn
man den ernsten Willen dieses Mannes schwächen
kann, wenn man seine Beweggründe mit etwas Un-
lauterkeit versetzen kann, wird man ebenso das
Uebel schwächen, welches er anrichtet!

Dies sehen wir aus der Geschichte religiöser
Verfolgungen. Es ist unzweifelhaft, dass die grösste
Mehrheit Derer, die religiöse Verfolgungen geleitet
haben, von der reinsten Absicht und von ausser-
ordentlicher und tadelloser Moralität gewesen sind.
Dies kann nicht anders sein; sie haben keine bösen
Absichten, wenn sie Meinungen, die sie für gut halten,
erzwingen wollen. Noch weniger sind sie schlechte
Menschen; sie wollen ohne alle irdische Rücksicht alle
Mittel ihrer Macht nicht zu ihrem eignen Nutzen,
sondern zur Ausbreitung einer Religion anwenden,
von deren Nothwendigkeit für die ewige Seligkeit
der Menschen sie überzeugt sind. Solche Menschen
sind nur unwissend über die Natur der Wahrheit,

---

*) Das Gute, was man den Menschen zufügt, wie gross es auch
sein mag, ist immer vorübergehend; die Wahrheiten, die man ihnen
hinterlässt, sind ewig. — Cuvier.

über die Folgen ihrer eignen Handlungen, aber moralisch kann man ihnen keinen Vorwurf machen. Wenn man irgend Jemanden von der höchsten Wichtigkeit einer sittlichen und religiösen Lehre ausschliesslich überzeugen kann, wenn man ihn zu dem Glauben bringen kann, dass Diejenigen, welche diese Lehre verwerfen, ewig verdammt sind, wenn man einem solchen Manne die Macht in die Hände geben und ihn durch seine Unwissenheit über die weiteren Folgen seiner Handlungen verblenden kann, so wird er ganz gewiss Alle verfolgen, welche sich nicht zu seiner Lehre bekennen.

Vermindern wir seine Aufrichtigkeit, so schwächen wir seine Verfolgung, mit andern Worten, durch Verringerung seiner Tugend können wir dem Uebel Einhalt thun.

Das Maass seiner Verfolgungen wird durch das Maass seiner Aufrichtigkeit geregelt werden.

Zwei Fälle, einer aus der Geschichte des Heidenthums und einer aus der des Christenthums, welche wegen der gänzlichen Verschiedenheit der Umstände die Sache von zwei entgegengesetzten Seiten erläutern, werden beweisen, dass die Moralität nichts über die religiöse Verfolgung vermag.

Unter den Christenverfolgern der römischen Kaiser finden wir die besten Namen, während die schlechtesten und verachtetsten Kaiser gerade diejenigen waren, welche die Christen schonten. Diese waren zu unbekümmert um die Zukunft, zu selbstsüchtig, zu sehr in ihre ruchlosen Vergnügungen vertieft, um sich etwas daraus zu machen, ob Irrthum oder Wahrheit den Sieg davon trage. Zu dem zweiten Falle liefert uns Spanien das Beispiel. In diesem Lande hat das religiöse Gefühl eine Herrschaft über die menschlichen Angelegenheiten ausgeübt, wie sonst nirgends. Kein anderes europäisches Land hat so viele eifrige und uneigennützige Missionäre, so viel begeisterte und selbstverleugnende Märtyrer hervorgebracht, welche freudig ihr Leben geopfert, um Wahrheiten zu verbreiten, die sie für nothwendig hielten. Nirgends hat die Geistlichkeit so lange die Oberhand gehabt, nirgends ist das Volk so gläubig, die Kirchen so voll und die Geistlichkeit so zahlreich. Aber die Aufrichtigkeit und Ehrlichkeit, wodurch sich das spanische Volk im Ganzen immer ausgezeichnet, haben nicht nur religiöse Verfolgungen nicht verhindern können, sondern nur dazu gedient, sie zu befördern. Wäre das Volk gleichgültiger gewesen, so würde es auch duldsamer gewesen sein. Die Träger der barbarischen Einrichtung der Inquisition waren keine Heuchler, sondern Schwärmer. Heuchler sind zu geschmeidig, um grausam zu sein, denn Grausamkeit ist eine ernste unbeugsame Leidenschaft, während Heuchelei eine kriechende geschmeidige Kunst ist, die sich nach dem Gefühl der Menschen richtet und ihren Schwachheiten schmeichelt, um ihren Zweck zu erreichen. In Spanien wurde der Hass der Ketzerei eine Sitte und ihre Verfolgung galt für eine Pflicht.

Llorent, der grosse Geschichtschreiber der Inquisition und ihr bitterster Feind, deutet auch nicht einmal eine Anklage gegen den sittlichen Character

der Inquisitoren an; während er die Grausamkeit
ihres Verfahrens verabscheut, kann er die Reinheit
ihrer Absichten nicht leugnen.

Die Zeugnisse dafür, dass das sittliche Gefühl
gänzlich unfähig ist, die religiöse Verfolgung zu vermindern, sind sonst noch massenhaft.
Der eigentliche Gegner der Unduldsamkeit ist
nicht die Humanität, sondern die Wissenschaft.

Die religiöse Verfolgung ist ein grösseres Uebel
als alle andern, nicht sowohl wegen der unendlich
grossen Zahl ihrer bekannten Opfer*), sondern wegen
der weit grösseren Zahl Derer, die durch Verfolgung
äusserlich zum Aufgeben ihrer Ansichten getrieben
wurden, und dann zu einem Abfall, vor dem sich das
Herz entsetzt, gezwungen, ihr ganzes übriges Leben
in der Ausübung einer fortdauernden erniedrigenden
Heuchelei zugebracht haben. So wird Betrug täg-
liche Nothdurft, Heuchelei eine Gewohnheit des Lebens, die ganze Haltung des öffentlichen Denkens
verdorben und die Masse des Lasters und des Irr-
thums furchtbar vermehrt.
Auch die Lust am Kriege wird mit zunehmender
Intelligenz vermindert. In einem zurückgebliebenen
Zustand der Gesellschaft drängen sich hervorstechende
Talente zur Armee und sind stolz darauf, sich ihr
anzuschliessen. So wie aber die Gesellschaft sich
weiter entwickelt, eröffnen sich neue Quellen der

---

*) In Spanien bestrafte die Inquisition während der 18 Jahre,
dass Torquemada im Amte war, nach der geringsten Schätzung
mehr als 105,000 Personen, von denen 8800 verbrannt wurden. —
Prescott, Hist. of Ferdinand.

Thätigkeit und entspringen neue Berufsarten, die wesentlich geistig sind und dem Talente Gelegenheit zu rascherem Erfolg verhelfen, als man früher ahnte.

Die drei Hauptursachen, die den kriegerischen Geist der alten Welt geschwächt haben durch den Fortschritt der europäischen Wissenschaft, sind:

Die Erfindung des Schiesspulvers, weil hierdurch die Ausrüstung kostspieliger und schwieriger wurde. Fast unmittelbar nach Erfindung des Schiesspulvers bildeten sich die stehenden Berufsheere (15. Jahrh.), und gerade da entstand auch jene dritte intellectuelle Classe, die nun eine unabhängige Thätigkeit entwickeln konnte und sich scharf vom eigentlichen Soldatenstande unterschied. Im 16. Jahrhundert nahm diese Thätigkeit eine bestimmte Form an und zeigte sich zunächst in religiösen Ausbrüchen, im 17. Jahrhundert entwickelte sich eine mehr praktische Energie, stemmte sich gegen die Missbräuche der Regierungen und erregte in allen Theilen von Europa eine Reihe von Aufständen; im 18. und 19. Jahrhundert richtete sie sich auf jeden Zweig des öffentlichen und Privatlebens und bereitete jener Oberherrschaft der öffentlichen Meinung eine sichere Grundlage, eine Macht, welcher sich jetzt Jeder unterwerfen muss.

Die zweite intellectuelle Bewegung, durch die die Liebe zum Kriege geschwächt wird, hat ihre natürliche Wirkung noch nicht vollständig ausgeübt. Es sind die Entdeckungen, welche durch die politische Oeconomie gemacht wurden.

Handelseifersucht war früher die hervorstechendste Ursache des Krieges, da man glaubte, was ein Land gewönne, müsse ein anderes verlieren. Reichthum, glaubte man, bestände blos in Geld und es sei deshalb das wesentliche Interesse jedes Volkes, wenig Waaren und viel Geld einzuführen. Es wurden fremde Völker bekriegt, um sie zu zwingen, unsere Waaren zu nehmen.

Im Jahre 1776 veröffentlichte nun Adam Smith sein „Wealth of nations" und zeigte, dass Reichthum nur in dem Werthe besteht, den die Geschicklichkeit und Arbeit mit dem rohen Stoffe zu verbinden wisse und dass Gold einem Volke zu nichts Anderem nützt, als zum Messen und Circuliren seiner Reichthümer; dass die Handelsvortheile gegenseitig sind und von der Leichtigkeit abhängen, womit sich ein Volk der Waaren entledigt, die es am wohlfeilsten hervorbringt und womit es dafür diejenigen wieder erhält, die es nur mit grossem Kostenaufwande erzeugen könnte, welche aber das andere Volk wegen der Geschicklichkeit seiner Arbeiter und Gunst seiner Natur billiger liefern kann.

Die dritte grosse Ursache, wodurch die Neigung zum Kriege geschwächt worden, ist die Art und Weise, wie die Entdeckungen über die Anwendung des Dampfes zu Reisezwecken den Verkehr der verschiedenen Völker erleichtert und so jene unwissende Verachtung haben zerstören helfen, welche ein Volk so geneigt ist gegen ein anderes zu nähren. Vorurtheile schwinden und machen richtigen, auf eigner Untersuchung beruhenden Anschauungen Platz.

Es ergibt sich aus Vorstehendem, dass die zwei ältesten, grössten, eingewurzeltsten und weitest verbreiteten Uebel, die wir kennen, religiöse Verfolgung und Krieg, fortdauernd, wenn auch langsam, im Abnehmen begriffen sind, und dass ihre Abnahme bewirkt worden ist, durchaus nicht durch sittliche Gefühle, noch durch moralische Lehren, sondern einzig und allein durch die Thätigkeit des menschlichen Verstandes und durch die Erfindungen und Entdeckungen, welche der Mensch im langen Laufe der Zeiten nach und nach gemacht hat. Da nun in den beiden wichtigsten Erscheinungen des Fortschrittes der menschlichen Gesellschaft die moralischen Gesetze stetig und unwandelbar den intellectuellen untergeordnet gewesen sind, so entsteht eine starke Vermuthung dafür, dass bei untergeordneten Gegenständen derselbe Process stattgefunden habe, was sich beim nähern Eingehen auf die Geschichte bestätigen wird.

Die Thaten schlechter Menschen bringen nur zeitweilige Uebel hervor, die Thaten guter nur zeitweilig Gutes; aber die Entdeckungen grosser Männer verlassen uns nie, sie sind unsterblich, sie fliessen fort in einem ewigen unsterblichen Strome, sie sind wesentlich vermehrend, gebären die Fortsetzungen, die später gemacht werden, und wirken so auf die entfernteste Nachkommenschaft, ja nach dem Verlaufe von Jahrhunderten wirken sie stärker, als sie es im Augenblicke ihres Bekanntwerdens vermochten.

Wollen wir also die Bedingungen des Fortschritts der neuen Civilisation erforschen, so müssen wir sie in der Geschichte des Wachsens und der Verbreitung des intellectuellen Wissens suchen. Physische Erscheinungen und moralische Grundsätze haben ohne Zweifel in kurzen Zeiträumen grosse Abweichungen hervorgebracht, in längeren Perioden hingegen sich selbst berichtigt und die Waage gehalten und so den intellectuellen Gesetzen, unbehindert von ihrer geringeren und untergeordneteren Einwirkung, das Feld überlassen.

- Die sittlichen Grundsätze bringen auf die Menschheit im Ganzen nicht die geringste Wirkung hervor, nicht einmal auf Menschen in sehr grossen Massen; die Totalität menschlicher Handlungen wird also durch die Totalität menschlichen Wissens regiert.

Buckle will nun nach der dargelegten Methode zunächst die Geschichte Englands schreiben, da dieses Land sich, am wenigsten von äusseren Einflüssen gestört, entwickelt habe, und durch den Character seiner Herrscher weder gefördert noch gehemmt worden wäre, die Gesetze des Fortschrittes also, möglichst wenig von störenden Einflüssen gehemmt, dort thätig gewesen und so gewissermaassen eine normale Entwickelung hervorgebracht hätten, was in dem Maasse sonst nirgends der Fall.

In Frankreich liessen englische Einflüsse und die beständigen Bevormundungen der Regierung die Gesetze der Entwickelung nicht rein zur Wirkung kommen.

In Deutschland ist dieses Princip der Bevormundung noch stärker. Ausserdem wurde hier der Aufschwung der Literatur im 18. Jahrhundert eigentlich durch die Franzosen veranlasst. Der deutsche Geist, durch den französischen zu einem plötzlichen Wachsthum angeregt, hat sich unregelmässig entwickelt und in eine Thätigkeit gestürzt, welche grösser ist, als die durchschnittliche Civilisation des Landes es erfordert. Die Folge hiervon ist, dass wir in keiner Nation in Europa eine so weite Kluft zwischen den höchsten und niedersten Geistern vorfinden — die Schriftsteller schreiben für einander, nicht für ihr Land. Der Umstand, dass es ihnen an gewöhnlichen Lesern fehlt, hat jenen Mangel an praktischer Einsicht hervorgebracht, und jene Gleichgültigkeit gegen materielle und physische Interessen, woraus der deutschen Literatur mit Recht ein Vorwurf gemacht wird, aber auch eine Kühnheit der Untersuchung, eine Rücksichtslosigkeit in Verfolgung der Wahrheit und eine Verachtung überlieferter Meinungen entwickelt, die ihr einen Anspruch auf den höchsten Ruhm geben.

In Amerika dagegen, wo man ausser der Rechtswissenschaft den Wissenschaften wenig Aufmerksamkeit zuwendet, ist der Vorrath des Wissens klein, aber durch alle Klassen verbreitet. Es fehlt dem Wissen die Anhäufung, und da die Civilisation das Product der Anhäufung und Verbreitung des Wissens ist, so sieht Buckle auch in Amerika nicht das Land, an dem sich die Gesetze der Entwickelung mit Erfolg studiren liessen.

In England gab die inductive Methode, wie sie Baco populär gemacht, jenen niedrigen Wahrheiten, die allein von allen Classen verstanden werden, eine

hervorragende Stellung, und obgleich dies die intellectuelle Classe in England oft zu sehr für den
Nutzen eingenommen hat, so hat es sie doch vor
dem Zustande der Isolirung bewahrt, in dem sie
sonst geblieben sein würde. Was die Geschichte von England vorzugsweise
werthvoll macht, ist, dass nirgends sonst der na-
tionale Fortschritt, sei es zum Guten oder zum Uebel,
so wenig Einmischung erlitten hat. Aber die blosse
Thatsache, dass die englische Civilisation auf diese
Weise in einem natürlicheren und gesunderen Zustande
erhalten worden ist, macht es uns zur Pflicht, die
Krankheiten zu studiren, denen sie ausgesetzt, indem
wir jene andern Länder, wo sociale Krankheiten
mehr im Schwunge sind, beobachten. Die Sicherheit und Dauer der Civilisation muss von der Regelmässigkeit, womit ihre Elemente combinirt sind, und
von der Harmonie, mit der sie wirken, abhängen.
Wenn irgend ein Element zu thätig ist, wird die
ganze Verbindung in Gefahr gerathen; daher kommt
es, dass, wenn wir auch die Gesetze der Verbindung
der Elemente am besten feststellen können, wo wir
diese Verbindung am vollständigsten vorfinden, wir
doch die Gesetze jedes einzelnen Elementes dort
suchen müssen, wo wir dieses Element selbst am
thätigsten finden.

Während nun Buckle die Geschichte von England wählt, weil in ihr die Harmonie der verschiedenen Principien am längsten aufrecht erhalten worden
ist, so hält er es aber auch gerade darum für
räthlich, jedes Princip in dem Lande besonders zu

studiren, wo es am mächtigsten gewesen ist und
wo bei seiner ungewöhnlichen Entwickelung das
Gleichgewicht des ganzen Baues gestört worden ist."
Buckle kommt nun zur Untersuchung des Ein-
flusses, den Religion, Literatur und Regierung, welche
die Meisten für die Haupthebel aller menschlichen
Angelegenheiten halten, auf die Entwickelung des
Menschengeschlechts ausüben, und findet, dass er
sehr gering ist.

Es ist klar, dass, wenn ein Volk sich selbst überlassen würde, seine Religion, Literatur und Regierung
nicht die Ursache, sondern die Wirkung seiner Civilisation sein würden. Aus einem gewissen Zustande
der Gesellschaft ergeben sich gewisse naturgemässe
Folgen. — Diese Folgen können durch äussere Einflüsse getrübt werden, aber wenn das nicht geschieht,
so ist es unmöglich, dass ein hoch civilisirtes Volk,
das an Vernunft und Zweifel gewöhnt ist, jemals
eine Religion annehmen sollte, deren schreiender
Widersinn aller Vernunft und allem Zweifel Trotz
bietet. Freilich ist es wahr, dass eine gute Religion
der Civilisation günstig, eine schlechte ihr ungünstig
ist. Wenn aber keine Einmischung von Aussen statt-
findet, wird kein Volk je entdecken, dass seine Religion schlecht ist, bis seine Vernunft es ihm sagt.
Aber wenn seine Vernunft unthätig und seine Wissenschaft im Stillstande' ist, so wird die Entdeckung nie
gemacht werden. Ein Land, welches seine alte
Unwissenheit fortsetzt, wird immer bei seiner alten
Religion bleiben. Ein sehr unwissendes Volk wird
sich gerade zu einer Religion voller Wunder neigen,

die Alles, was geschieht, der unmittelbaren Einwirkung der Götter zuschreibt.

Die religiösen Meinungen einer jeden Periode gehören zu den Symptomen, wodurch jene Periode sich auszeichnet. Ein Wilder mag die äusseren Formen nachmachen, aber die Religion selbst nimmt er nicht an, die Gebräuche und Formen liegen an der Oberfläche, aber eine tiefe dauernde Aenderung kann der Wilde nie erfahren, so lange er in Unwissenheit versunken ist. Nimm ihnen ihre Unwissenheit, dann mag die Religion Eingang finden.

Die Religion der Menschen ist also die Wirkung, nicht die Ursache ihres Fortschritts.

Es kommt vor, dass grosse Denker aufstehen, die gewissermaassen den Fortschritt des Menschengeschlechts vorwegnehmen und eine Religion oder Philosophie hervorbringen, die schliesslich eine bedeutende Wirkung ausüben. Wenn wir aber in die Geschichte blicken, werden wir deutlich wahrnehmen, dass, wenn auch der Ursprung einer neuen Meinung einem Einzelnen zukommen mag, ihr Erfolg doch von dem Zustande des Volkes abhängt, unter dem sie verbreitet wird. Ist eine Religion oder eine Philosophie einem Volke zu weit voraus, so kann sie für den Augenblick keine Dienste leisten, sondern muss die Zeit abwarten, bis die Geister für ihre Aufnahme reif sind. Jede Wissenschaft und jeder Glaube hat seine Märtyrer, Männer, die sich der Verleumdung, ja dem Tode ausgesetzt sahen, weil sie mehr wussten, als ihre Zeitgenossen, und weil die

Gesellschaft noch nicht hinlänglich fortgeschritten war, um die Wahrheiten aufzunehmen, welche sie mittheilten. Die Geschichte ist voll von der Machtlosigkeit selbst der edelsten Principien, wenn sie unter eine unwissende Nation verbreitet wurden. — Die Römer waren ein unwissendes Geschlecht. Als das Christenthum unter diese Menschen gerieth, fand es sie unfähig, seine erhabenen Lehren zu fassen, und die neuen Eroberer, die noch barbarischer waren, brachten eine Art Aberglauben mit, wie er für ihren Zustand passte. Der Erfolg ist sehr merkwürdig. Der europäische Aberglaube wurde nicht vermindert, sondern nur in ein neues Bett geleitet, die neue Religion wurde durch die alten Thorheiten verdorben. Auf die Anbetung der Götzenbilder folgte die der Heiligen, der Dienst der Cybele wurde durch den der heiligen Jungfrau ersetzt. Nicht allein der Aufputz, sondern auch die Dogmen des Götzendienstes wurden der neuen Religion einverleibt, bis nach wenigen Generationen das Christenthum eine so abenteuerliche und widerwärtige Form angenommen hatte, dass seine besten Züge verloren und seine ursprüngliche Liebenswürdigkeit gänzlich zerstört war.

Wäre schon früher die grosse Wahrheit erkannt gewesen, dass der Staat sich nicht um den Glauben der Menschen zu kümmern habe, so hätten die Religionsmetzeleien, die seit 200 Jahren abgekommen sind, nicht vorkommen können. Dadurch hat die religiöse Entwickelung in verschiedenen europäischen Ländern nicht ihren natürlichen Lauf genommen, ist vielmehr zu einem unnatürlichen gezwungen worden.

Nach dem natürlichen Verlaufe sollten die civilisirten Länder alle protestantisch, und die uncivilisirten katholisch sein. Durchschnittlich ist dies auch wirklich der Fall und dadurch sind Manche verleitet worden, die ganze moderne Aufklärung dem Einflusse des Christenthums zuzuschreiben, wobei sie die wichtige Thatsache übersehen, dass der Protestantismus, bevor diese Aufklärung begonnen hat, gar nicht nöthig war. Nach dem Westphälischen Frieden hatte kein Mensch mehr Lust, eine religiöse Revolution anzustiften, und man liess die Länder, die katholisch waren, katholisch und umgekehrt. Desshalb findet man auch, dass in manchen Ländern die Religion nicht die Wirkung hervorbringt, die man von ihr hätte erwarten sollen und die sie ihrem Inhalte nach hätte hervorbringen müssen.

Die katholischen Franzosen sind weniger abergläubig, als die protestantischen Schotten und Schweden.

Dies zeigt, dass, wenn ein Volk aus zufälligen Ursachen eine Religion annimmt, die weiter vorgeschritten ist als es selbst, diese nicht ihre richtige Wirkung hervorbringen wird. Die Franzosen haben eine Religion, die für sie zu schlecht, die Schotten haben eine, die für sie zu gut ist.

Wie überflüssig ist es also, die Civilisation der Religion zuzuschreiben, und wie viel mehr thöricht sind die Versuche der Regierungen, eine Religion in Schutz zu nehmen! Passt sie für das Volk, so wird sie keinen Schutz brauchen; passt sie nicht dafür, so wird sie nichts Gutes wirken.

Alles, was von der Religion gesagt wurde, findet auch auf die Literatur Anwendung. Befindet sich die Literatur in einem gesunden Zustande, so ist sie einfach die Form, in welcher das Wissen eines Landes aufgezeichnet wird, die Gestalt, die ihm gegeben wird. Erheben sich Einzelne über einen gewissen Punkt, so schwächen sie ihren Nutzen für die Gegenwart; steigen sie noch höher, so zerstören sie ihn. Wenn die Kluft zwischen der intellectuellen und der praktischen Classe zu gross ist, so wird die erstere keinen Einfluss besitzen, die letztere keine Frucht ernten.

Dies ereignete sich im Alterthum, als der Abstand zwischen dem unwissenden Götzendienst des Volkes und den gebildeten Systemen der Philosophie durchaus nicht zu überschreiten war; und dies war die Hauptursache, weshalb die Griechen und Römer nicht im Stande waren, die Civilisation, die sie eine kurze Zeit lang besassen, zu behaupten. Ganz derselbe Process wiederholt sich jetzt in Deutschland, wo der werthvollste Theil der Literatur ein esoterisches System bildet, welches keinen Einfluss auf die Civilisation des Volkes hervorbringt, weil es mit dem Volke selbst nichts gemein hat.

Wirkliches Wissen, das heisst dasjenige, worauf die Civilisation gegründet ist, besteht einzig in der Bekanntschaft mit den Verhältnissen der Dinge und Ideen zu einander und unter sich, mit anderen Worten, in einer Kenntniss der physischen und geistigen Gesetze. Der Nutzen, den man aus der Literatur zieht, wird also nicht sowohl von der Literatur selbst, als von dem Geiste, in dem sie studirt, und von dem Urtheile, mit welchem sie ausgewählt wird, abhängen.

So ist für das Volk der Besitz einer Literatur unwichtiger als die Geistesverfassung, womit es sie liest. Keine Literatur kann einem Volke nützen, wenn sie dasselbe nicht schon vorbereitet findet.

Falsch ist auch die Ansicht, dass die Civilisation eines Landes vornehmlich der Geschicklichkeit zu verdanken sei, welche die Regierungen entfalten. Keine grosse politische Bewegung, keine Reform ist je in irgend einem Lande ursprünglich von seiner Regierung ausgegangen. Wie gross ihre Macht auch sei, im besten Falle sind sie nur zufällige und unzureichende Vertreter des Geistes ihrer Zeit, dem sie in der Regel mehr hemmend in den Weg treten, als sie ihn fördern helfen. Ihre eigentliche Aufgabe besteht einfach darin, die Ordnung aufrecht zu erhalten, die Schwachen gegen die Starken zu schützen und eine gewisse Vorsorge für die öffentliche Gesundheit durch Vorsichtsmaassregeln zu treffen.

Religion, Literatur und Gesetzgebung sind also höchstens die Wirkung der Civilisation und können, selbst wenn sie in der günstigsten Lage sind, nur eine untergeordnete Wirkung ausüben.

Die Zunahme der europäischen Civilisation ist allein dem Fortschritte der Wissenschaften zu verdanken, der Menge der Wahrheiten, die der menschliche Geist entdeckt, und dem Grade, in welchem sie verbreitet sind.

Um diese Schlüsse zur Gewissheit zu erheben, wird es nöthig sein, sich an die Geschichte im

weitesten Sinne des Wortes zu wenden. Auch indem
man mit der Untersuchung des Fortschrittes der
Menschheit eine Untersuchung über den Fortschritt
der Geschichte selbst verbindet, lassen sich die vorher
dargelegten Principien prüfen.

Solch' eine Untersuchung der Geschichte der Geschichte wird zwei Hauptthatsachen von grosser Bedeutung feststellen:

1) dass die Historiker während der letzten drei Jahr-
hunderte als eine Classe eine immer wachsende
Achtung für den menschlichen Verstand und einen
Widerwillen gegen die unzähligen Verunstaltungen,
wodurch er früher gefesselt wurde, gezeigt haben;

2) dass sie während dieser Periode sich immer mehr
in der Neigung bestärkt haben, Gegenstände zu ver-
nachlässigen, die vormals für höchst wichtig gehalten
wurden, und sich lieber mit Gegenständen beschäftigt
haben, welche den Zustand des Volkes und die Ausbreitung von Kenntnissen betrafen.

Wenn es ausgemacht werden kann, dass mit der
Verbesserung der Gesellschaft die historische Literatur
sich beständig nach einer bestimmten Richtung geneigt hat, so scheint die Wahrheit der Ansichten,
denen sie sich offenbar nähert, viel für sich zu haben.

Es wird durch solche Untersuchungen viel Licht
auf die Bewegung der Gesellschaft geworfen, weil
immer eine Verbindung der Art und Weise, wie die
Menschen das Vergangene betrachten, mit der Art
und Weise bestehen wird, wie sie das Gegenwärtige
betrachten.

Nach äusserst interessanten Erörterungen über
den Ursprung und die Geschichte der Geschichts-
schreibung giebt uns nun Buckle ein Bild von dem
Zustande der Geschichtschreibung im Mittelalter, und
theilt uns höchst ergötzliche Proben aus den Werken
der berühmtesten Geschichtschreiber jener Zeit, des
Mathew von Westminster, des Erzdechanten von
Monmouth, aus der Chronik Turpin's, Alles hohe
Würdenträger der Kirche, mit. Da wimmelt es von
Wundern; Riesen treten auf, die in theologische
Dispute verwickelt und so besiegt werden; es regnet
Blut u. s. w.

Es wäre ein Wunder, fährt Buckle fort, wenn
dies vor drei Jahrhunderten anders gewesen wäre.
Denn damals war, wie in aller Zeit, Alles aus einem
Stück. Nicht nur in der historischen, sondern in
jedem Zweige der Literatur, überall herrschte das
Princip einer blinden, unbeirrten Leichtgläubigkeit;
hin und wieder erhob sich ein grosser Mann, der
seine Zweifel über den allgemeinen Glauben hatte,
aber sie wurden verachtet und konnten keinen
dauernden Eindruck machen.

Bis gegen die Mitte des 16. Jahrhunderts war
Einer in der grössten Gefahr, wenn er seine Zweifel
über den Glauben seiner Zeitgenossen offen aussprach.

Und doch leuchtet es ein, dass der Fortschritt
unmöglich war, ehe der Zweifel begonnen.

Menschen, die mit ihrem Wissen vollkommen zu-
frieden sind, werden es nie unternehmen, es zu vermehren; und doch hängt der Fortschritt mit der
Vermehrung des Wissens zusammen. Menschen, die

vollkommen von der Richtigkeit ihrer Meinungen
überzeugt sind, werden sich nie die Mühe geben, die
Grundlage zu untersuchen, auf der sie beruhen.
Obgleich also die Erwerbung neuen Wissens der
nothwendige Vorläufer jedes socialen Fortschrittes
ist, so muss doch einem solchen Erwerbe selbst eine
Liebe zur Forschung vorangehen, das heisst, ein Geist
des Zweifels; denn ohne Zweifel wird es keine Forschung, ohne Forschung keine Wissenschaft geben.
Die das Dunkel nicht fühlen, werden sich nach dem
Lichte nicht umsehen. Vom 17. Jahrhundert, von Baco und Descartes,
können wir die intellectuelle Wiedergeburt Europas
datiren, wie vom 18. die sociale.

Der Skepticismus hat die drei Grundirrthümer der
alten Zeit aufgehoben, Irrthümer, welche das Volk in
der Politik mit zu grossem Vertrauen erfüllte, in der
Wissenschaft zu leichtgläubig und in der Religion zu
unduldsam machte.

Im weitern Verlaufe seiner „Einleitung" prüft
Buckle die Richtigkeit seiner Methode und der
gewonnenen Ergebnisse an dem Entwickelungsgange
Englands, Frankreichs, Spaniens und Schottlands, und
weist überall mit überraschendem Scharfsinn die hohe
Bedeutung des Zweifels und den überwiegenden Einfluss des Wissens auf die Fortentwickelung der Völker
nach. Auf jeder Seite seines interessanten Buches
leuchtet uns die Wahrheit des Pfau'schen Wortes
entgegen: „Je stärker der Glaube ist, desto grösser
ist die Barbarei; je mehr das Dogma in Stücke geht,
desto mehr befestigt sich die Humanität. In drei

Jahrhunderten des Zweifels hat die Menschheit mehr Fortschritte gemacht, als in fünfzehn Jahrhunderten des Glaubens."

Ausser der Einleitung ist bis jetzt nichts von dem Werke in die Oeffentlichkeit gelangt; es ist aber zu hoffen, dass sich im Nachlasse Buckle's noch werthvolle Vorarbeiten zur Fortsetzung desselben vorfinden. Doch das Beste haben wir: eine breite sichere Grundlage, auf der sich weiter bauen lässt, und auf der weiter gebaut werden wird, so gewiss das schönste Ziel geistigen Strebens die Erkenntniss der Wahrheit ist und so gewiss dieses Ziel auf keinem andern als dem allein menschenwürdigen Wege der freien Forschung erreicht werden kann.

Gedruckt bei E. Polz in Leipzig.

Henry Thomas Buckle's
Geschichte der Civilisation in England.

Deutsch von **Arnold Ruge**.

Zweite rechtmässige Ausgabe,

sorgfältig durchgesehen und neu bevorwortet von dem Uebersetzer.

Zwei Bände.

gr. 8. geh. Preis 8 Thlr.

Nachdem sich die erste starke Auflage dieses Epoche machenden Werkes in einer über alle Erwartung kurzen Zeit vergriffen hatte, sahen wir uns genöthigt eine zweite Ausgabe davon zu veranstalten, um dem sich täglich steigernden Bedürfnisse genügen zu können. Diese zweite Ausgabe ist nach der **zweiten Auflage** des **Originals** berichtigt worden und erhält noch ein wesentliches Interesse durch ein Vorwort des bekannten Uebersetzers **Arnold Ruge**, in welches derselbe einen kurzen Abriss von **Buckle's** Leben eingeflochten hat.

Essays von Henry Thomas Buckle, Verfasser der „Geschichte der Civilisation in England," nebst einer kurzen Lebensbeschreibnng des Verfassers. Aus dem Englischen übersetzt von Dr. **David Asher**. 8. geh. Preis 20 Ngr.

Inhalt: Henry Thomas Buckle, Eine biographische Skizze. — Mill über die Freiheit. — Der Einfluß der Frauen auf die Fortschritte der Wissenschaft.

Junius' Briefe.

Stat nominis umbra.

Deutsch von **Arnold Ruge**.

Dritte durchaus berichtigte Auflage. gr. 8. geh.

Preis 1 Thlr. 10 Ngr.

Junius' Kämpfe für die englische Freiheit enthalten den ganzen Grundriss politischer Logik, auf welchem die jetzige Staatsordnung beruht.

Gedruckt bei C. Polz in Leipzig.